SIMPLES RÉFLEXIONS

AU SUJET DE LA LOI

SUR LES

SOCIÉTÉS DE SECOURS MUTUELS

Votée le 12 Novembre 1883 par la Chambre des Députés,

PAR

C. VALLÉE

Membre honoraire de la Société de Secours Mutuels
de St-Leu-d'Esserent (Oise).

PRIX : 0,40 Centimes

PARIS

LIBRAIRIE ADMINISTRATIVE DE PAUL DUPONT

41, RUE JEAN-JACQUES-ROUSSEAU, 41

1884

SIMPLES RÉFLEXIONS

AU SUJET DE LA LOI

SUR LES

SOCIÉTÉS DE SECOURS MUTUELS

Votée le 12 Novembre 1883 par la Chambre des Députés,

PAR

S. VALLÉE

Membre honoraire de la Société de Secours Mutuels
de St-Leu-d'Esserent (Oise).

PRIX : 0,40 Centimes

PARIS

LIBRAIRIE ADMINISTRATIVE DE PAUL DUPONT

41, RUE JEAN-JACQUES-ROUSSEAU, 41

1884

DU MÊME AUTEUR

**De la Réforme des Sociétés de secours mutuels
en faveur de la famille.** Prix............ 0.20 cent.
Cette brochure a pour but de propager l'admission des femmes
et des enfants dans les Sociétés de secours mutuels; elle a été
reproduite par le *Bulletin des Sociétés de secours mutuels* (livrai-
son de juillet 1881).

**Des Rapports des Sociétés de secours mutuels
avec le corps médical.** Prix.............. 0.40 cent.
« Vous trouverez, au reste, la nécessité de resserrer les liens
de solidarité avec les Sociétés, parfaitement établie dans un
intéressant mémoire récemment publié par un de leurs membres honoraires, M. Vallée, etc. » Rapport de M. le Dr Bucquoy,
lu à l'Assemblée générale de l'Association générale de Prévoyance
et de Secours mutuels des médecins de France (16 avril 1882).

SIMPLES RÉFLEXIONS

AU SUJET DE LA LOI

SUR LES

SOCIÉTÉS DE SECOURS MUTUELS

Votée le 12 Novembre 1883 par la Chambre des Députés.

Le projet de loi sur les Sociétés de secours mutuels, voté en principe par la Chambre des députés, a donné lieu à quelques brochures, parmi lesquelles il nous a été donné d'examiner :

1° Une brochure due à la collaboration de plusieurs présidents de Sociétés de secours mutuels et publiée sous forme anonyme ;

2° Une brochure de M. Vermont, président de la Société l'Emulation chrétienne de Rouen ;

3° Une brochure de M. P. de Lafitte, président de la Société de secours mutuels d'Astaffort (Lot-et-Garonne).

La lecture de ces écrits nous a suggéré, sur différents articles du projet de loi, quelques réflexions supplémentaires que nous croyons devoir soumettre à l'attention bienveillante de MM. les Sénateurs.

ART. 1ᵉʳ et ART. 7. — Du rapprochement de ces deux articles, il résulte que les Sociétés de prévoyance *partielle*, d'un caractère même quelquefois discutable, seraient confondues avec les Sociétés de secours mutuels approuvées, dans la répartition des subventions et des avantages accordés par l'Etat. Sous le régime précédent, des abus regrettables se sont glissés dans l'approbation ; la loi nouvelle ne ferait que les généraliser.

M. Vermont s'élève avec raison contre la tolérance avec laquelle on a assimilé aux Sociétés de secours mutuels certaines sociétés tontinières composées de *personnes de toutes conditions*, sociétés qui ne donnent *aucun secours aux malades*, et ne visent qu'à réaliser le plus tôt possible le maximum de 1,500 fr. de rentes au profit de chaque adhérent, en le faisant bénéficier de toutes les subventions et de tous les avantages dont jouissent les Sociétés de secours mutuels approuvées.

A notre avis, les seules sociétés de prévoyance dignes de l'approbation sont celles qui, sous le nom de sociétés de secours mutuels, *réunissent* au profit de leurs adhérents les *principaux* avantages offerts par les Sociétés de prévoyance créées dans un but unique et spécial.

Aussi nous voudrions une rédaction de l'article 7 plus explicite que celle indiquée par la brochure anonyme et nous proposerions celle-ci : « Des avantages spéciaux et des subventions pourront être accordés aux Sociétés de secours mutuels approuvées qui ont pour but principal d'assurer à leurs membres participants :

1° Des secours en cas de maladie, de blessures ou d'infirmités ;

2° Les frais funéraires ;

3° Des secours aux ascendants, veuves et orphelins des sociétaires décédés ;

4° Des pensions viagères sur la Caisse nationale des retraites de la vieillesse. »

Cette rédaction répond à celle des statuts modèles publiés par le ministère de l'intérieur en 1881.

Il suffirait que ces principes fussent inscrits dans les statuts des Sociétés de secours mutuels approuvées, avec la réserve d'être subordonnés, dans l'application,

aux ressources de la caisse : le fonds social s'accrois-
sant avec le temps, les sociétaires sauraient bien exi-
ger la réalisation complète du programme primitive-
ment fixé.

C'est ainsi que les Sociétés de secours mutuels approuvées garderaient un caractère exclusivement phi-
anthropique ; et, puisque le principal de leurs cotisations est presque toujours absorbé par les frais de maladie et les secours divers, les économies réservées
pour la caisse des retraites n'entraîneraient, en ce qui
concerne les subventions spéciales, qu'une charge rè-
lativement plus faible pour le Trésor.

Enfin, les conditions de l'approbation étant nettement définies, l'on ne pourrait y déroger que par une
loi spéciale.

Art. 2. — Cet article stipule que l'administration et
la direction des associations de prévoyance mutuelle ne
pourront être confiées qu'à des Français majeurs jouis-
sant de leurs droits civils. Ne serait-il pas plus à propos d'exclure à l'avenir, comme membres participants,
les étrangers de toutes les Sociétés de secours mutuels
françaises en général ?

Seules en Europe, il ne faut pas l'oublier, nos Sociétés approuvées sont avantagées, subventionnées, dotées
par l'Etat ; or, l'on ne peut concevoir que les étrangers
puissent, pour ainsi dire, émarger au budget, tout en se
dérobant, eux et leurs enfants, à la principale charge
que l'Etat impose à nos populations laborieuses : celle
du service militaire. Si nous étendons l'exclusion des
étrangers même aux Sociétés françaises autorisées,
c'est qu'il est à prévoir que ces dernières tendront de
plus en plus à se faire approuver, et qu'il ne faut pas
qu'elles trouvent dans le nouveau texte de loi un obs-
tacle à ce progrès.

Que l'on ne nous accuse pas d'excès de rigorisme,

puisque les étrangers pourront toujours créer des sociétés sous le régime qui est propre à leur pays et même sur le modèle des sociétés françaises, avec cette seule distinction que, simplement autorisées, elles ne pourront jamais être approuvées. Les Français eux-mêmes ont établi une société particulière de secours mutuels à Montévidéo.

ART. 3. — Nous nous référons à la brochure anonyme et croyons inutile et même dispendieuse la possession d'immeubles affectés aux réunions des Sociétés de secours mutuels.

ART. 6. — Nous acceptons la mesure conservatoire du curateur prise à la suite d'une dissolution judiciaire et la voie de procédure indiquée par cet article, lorsqu'un jugement a déclaré les administrateurs en quelque sorte indignes de toute confiance ; mais nous la repoussons comme trop onéreuse, lorsqu'il s'agit d'une dissolution volontaire, et nous demandons que l'on conserve dans ce cas, qui n'a pas été prévu par la loi, les règles administratives suivies jusqu'à présent.

ART. 7. — Les observations relatives à cet article sont comprises dans celles concernant l'art. 1er.

ART. 8. — Nous ne discuterons pas, avec les auteurs de la brochure anonyme, le nombre des membres du Conseil supérieur, étant donnée l'admission de dix présidents de Sociétés de secours mutuels approuvées ; mais nous estimons avec eux que le principe de l'élection des présidents délégués est inapplicable. Par contre, nous doutons que les délégués des Sociétés de secours mutuels consentent à faire les frais de déplacement et de séjour, et même à consacrer un mois par an aux travaux du Conseil supérieur. Pour beaucoup d'entre eux, la nature de leurs occupations ne le leur permettrait pas. Etendre les attributions de ce conseil au-delà de ce qui concerne les paragrapes 2 et 3 de l'art. 8, c'est rendre leur mandat impossible en raison de la multiplicité des affaires à régler.

Il faudrait donc pour le reste, — notamment pour les formalités de l'approbation, — s'en rapporter, comme par le passé, aux bons offices de l'administration préfectorale.

Si nous examinons les attributions conférées au Conseil supérieur par les paragraphes 1 et 2, nous redoutons, avec les auteurs de la brochure anonyme et M. Vermont, de le voir tomber dans l'arbitraire et souhaitons de tous nos vœux le maintien du régime actuel.

En effet, le but des Sociétés de secours mutuels approuvées étant nettement défini par la rédaction de l'art. 7 de la loi, telle que nous la proposons, par cela même qu'elles y satisfont, les Sociétés de secours mutuels acquièrent des droits égaux : il n'y a plus ensuite, sous peine de tomber dans l'arbitraire, de distinctions à établir entre elles dans la répartition des subventions qui leur sont exclusivement attribuées.

Parag. 3. — Avec la brochure anonyme, nous ne voyons pas l'utilité pratique des récompenses collectives et nous déplorons surtout l'oubli des membres honoraires dans la répartition des récompenses individuelles.

Serait-ce pour donner satisfaction à quelques auteurs dont l'idéal théorique exige que les Sociétés de secours mutuels n'admettent point de membres honoraires ? M. Hubbard, au congrès de 1878, soutenait cette thèse ; mais déjà, par expérience personnelle, nous constations que, dans la pratique, les trois quarts des Sociétés de nos campagnes ne sauraient s'administrer sans le concours dévoué des membres honoraires, qui ne peut être simplement platonique, mais doit offrir la garantie d'un sacrifice personnel.

Si l'on considère les membres honoraires comme désireux, dans l'intérêt général, de devancer l'avenir en aidant les Sociétés à réaliser le plus tôt possible tous les avantages offerts par la loi et leurs statuts, leur cotisation n'est plus une aumône, mais une contribution volontaire très acceptable.

Paragraphe 4. — Nous voudrions voir ce paragraphe ainsi rédigé : « 4° Les mesures les plus propres à favoriser la fondation et le développement des Sociétés de secours mutuels, spécialement en ce qui concerne l'admission des femmes et des enfants, et les re traites accordées à la vieillesse. »

Ce changement de rédaction aiderait à combler une omission, qu'il est indispensable, à notre avis, de réparer, celle de l'admissibilité des femmes et des enfants dans les Sociétés de secours mutuels.

Dans une brochure intitulée : *De la Réforme des Sociétés de secours mutuels en faveur de la famille*, nous avons essayé de démontrer : 1° que le programme de ces sociétés ne serait réellement complet que lorsque les bienfaits de la mutualité s'appliqueraient à la famille entière ; 2° que les progrès de la Caisse des retraites étaient intimement liés à l'admission des femmes et des enfants dans les Sociétés de secours mutuels. Enfin, nous avons indiqué par quelles mesures l'Etat pouvait contribuer à cette admission dans les Sociétés approuvées.

Si, contre notre attente, l'on regardait ces mesures comme ayant un caractère coercitif, on pourrait les remplacer par des encouragements pécuniaires, dont le but en ce cas serait parfaitement déterminé. Nous reviendrons sur ce sujet si important en examinant l'article 18, qui a trait aux subventions.

Pour ce qui concerne la vieillesse, il suffit de signaler le service que les Sociétés de secours mutuels peu-

.vent rendre à leurs adhérents en leur servant d'inter-
médiaire pour les placements à la Caisse des retraites.

Enfin, le décret du 26 mars 1852 (art. 19, parag. 3) di-
sait : « Le Conseil est chargé de veiller à l'exécution du
décret et de préparer les instructions et règlements né-
cessaires à son application. »

Nous voyons encore là une lacune à combler dans la
loi ; car de ces pouvoirs donnés au Conseil supérieur
dépendent le mode d'administration des Sociétés de secours mutuels approuvées et la rédaction des statuts
modèles, si utiles à consulter pour toute société en voie
de formation.

ART. 9. — Les obligations imposées aux Sociétés de
secours mutuels approuvées se trouvant bien déter-
minées par l'art. 7, l'approbation n'est plus qu'une me
sure d'ordre réglementaire ; dès lors, il suffirait de se
référer au texte du décret du 26 mars 1852, qui confère
le droit d'approbation au Ministre de l'intérieur pour
Paris et aux Préfets pour les départements.

ART. 10. — Par suite, cet article serait ainsi rédigé :
« Aucune modification ne peut être apportée aux statuts d'une Société approuvée, si elle n'a été préalable-
ment soumise, suivant la localité, au Ministre de l'intérieur ou au Préfet.

ART. 13. — Les auteurs anonymes et M. Vermont
repoussent à bon droit la faculté, pour les Sociétés approuvées, de posséder des immeubles. Nous ajouterons
quelques considérations aux leurs en examinant
l'art. 25.

Aux motifs invoqués dans ces mêmes brochures en
faveur de la faculté de recevoir dons et legs, quelle que
soit la valeur des pensions qu'une Société puisse constituer, nous ajoutons cette réflexion : pourquoi mécon-
naître la volonté formelle du donateur, qui ne doit pas
ignorer la situation d'une Société obligée à publier tous

les ans le compte rendu de ses opérations financières ?

Nous concevrions, tout au contraire, que l'on exclût de la répartition des subventions accordées par l'Etat, les Sociétés pouvant constituer à chacun de leurs membres retraités une pension excédant trois cents francs. On ménagerait ainsi les intérêts du Trésor, ce qui permettrait de continuer le plus longtemps possible le maximum actuel de ces subventions en faveur des Sociétés à cotisations réduites, c'est-à-dire des Sociétés représentant les classes dont les travaux sont les moins rétribués.

ART. 14. — Pour la simple régularité, le paragraphe 3 devrait être complété en fixant le minimum d'âge pour la retraite à cinquante ans ; la loi se mettrait ainsi en concordance avec le minimum adopté pour la loi sur la Caisse des retraites.

Comme complément de l'art. 14, nous voudrions voir reproduite cette partie du texte du décret du 26 avril 1856. Art. 8 : « Toutefois, les pensions délivrées par la Caisse des retraites ne pourront excéder, dans aucun cas, le décuple de la cotisation annuelle. » En effet, la pension de retraite n'a jamais été qu'un accessoire des services rendus par les Sociétés de secours mutuels ; or, il ne faut pas que leurs dépôts à la Caisse des retraites s'exagèrent au détriment de leurs obligations principales définies par l'art. 7. — N'oublions pas non plus que les Sociétés ont le droit de donner des suppléments de pensions pris sur leurs fonds de réserve.

M. de Laffitte prévoit avec beaucoup d'à propos, le cas où le capital déposé à la Caisse des retraites dépassera la somme nécessaire pour assurer le maximum de la pension de retraite à 15 % des adhérents d'une Société de secours mutuels approuvée. Il constate que les excédents seraient confisqués au détriment des Sociétés ; mais il ne propose pour cet inconvénient qu'une solution qui nous paraît aléatoire. Nous demanderions, dans le cas précité, que l'intérêt de l'excédeut du capital, calculé à un taux qui ne mît pas le Trésor en perte, fût simplement versé tous les ans soit à la Société elle-même, soit à son compte de réserve à la Caisse des consignations.

Cette mesure satisfait aux droits des deux parties intéressées et serait le complément naturel de celle qui fixerait le maximum de la pension de retraite.

La brochure anonyme a parfaitement démontré qu'employer le fonds de réserve d'une Societé de secours mutuels approuvée pour faire des versements individuels à la Caisse des retraites serait en contradiction avec tous les principes de la mutualité. Ajoutons que cette mesure, par ses résultats négatifs, aurait encore l'inconvénient de diminuer l'influence attractive, c'est-à-dire le développement des Sociétés de secours mutuels approuvées, puisque le fonds de réserve et celui de retraite constituent en quelque sorte leur patrimoine. Nous nous rallions donc à la suppression de ce paragraphe et aux modifications indiquées pour le parag. 2 de l'art. 22.

TITRE IV. — *Subventions et dotation*. — Pour quelques mutuellistes, les subventions et la dotation ne sont autre chose qu'une charité déguisée ; ils prétendent que les Sociétés de secours mutuels ne doivent rien devoir qu'à elles-mêmes et que l'Etat et les départements n'ont rien à faire dans leurs budgets.

C'est voir, bien à tort à notre avis, une question d'amour-propre blessé dans un fait d'ordre purement économique. En effet, nous regardons les subventions et la dotation, non pas comme une aumône, mais bien comme un dégrèvement d'impôts, comme un système de restitution indirecte compensant des contributions indirectes exagérées ; et nous risquons ce nouvel axiome :

doter c'est dégrever, sous la réserve que, pour être vraie, notre théorie s'appliquera à la famille entière, par l'admission des femmes et des enfants dans les Sociétés de secours mutuels.

Dans tous les Etats du centre et du nord de l'Europe, les progrès de l'alcoolisme vont toujours croissants, et l'on pourrait dire sans conteste : l'alcoolisme, voilà l'ennemi ! Il ne faut donc pas songer à l'abaissement des impôts sur les boissons, le tabac, les billards, etc.; mais, malheureusement, les surtaxes répressives pèsent à la fois et sur la quantité indispensable à l'alimentation ou aux distractions raisonnables de la vie, et sur celle gaspillée en pure perte au mépris des lois de l'hygiène et de la morale : on ne peut donc nier que le travailleur sobre et rangé perd quand même une portion notable des économies qu'il pourrait réaliser. Eh bien ! les subventions et la dotation, d'où qu'elles viennent, ne sont pas autre chose qu'une restitution d'économies injustement enlevées et se trouvent dès lors parfaitement justifiées. Par son emploi immédiat dans un but défini, cette restitution sera toujours plus profitable aux travailleurs que le dégrèvement pur et simple ; elle remplace déjà, dans une certaine mesure, la retenue obligatoire sur les salaires ; et, grâce aux facilités accordées pour l'approbation, ses avantages tendront de plus en plus à se généraliser.

Par suite regrettons-nous de voir les subventions et la dotation aussi marchandées dans la discussion du budget, lorsque les progrès de l'instruction et les efforts des Sociétés de tempérance, en réduisant la consommation de l'alcool et du tabac, provoqueront, il faut l'espérer, un déficit d'une bien plus grave importance !

Art. 18, Parag. 2. — L'attribution *exclusive* des fonds votés par les départements et les communes au fonds de retraite des Sociétés subventionnées fait double emploi avec les subventions accordées par l'Etat. Ces fonds devraient, avec beaucoup plus d'à propos, être utilisés en secours aux sociétés menacées de dissolution par insuffisance de ressources, accident trop fréquent pour lequel rien n'est prévu par la loi.

Hors le cas d'épidémie, l'on peut toujours supposer que c'est par exagération des indemnités accordées qu'une Société périclite : le fonds de réserve épuisé, elle ne peut plus fonctionner, si les dépenses continuent à excéder les recettes. Menacée de dissolution, elle pourrait adresser une demande de secours qui ne lui serait accordé qu'à la condition de modifier ses statuts, en se conformant aux instructions ou aux avis bienveillants de l'administration préfectorale.

Habitués à inscrire sur leurs budgets une somme régulière, les départements arriveraient à constituer avec leurs reliquats un fonds de réserve, qui pourrait être consacré à favoriser soit l'admission des femmes et des enfants par un supplément temporaire à leurs cotisations, soit la création de nouvelles Sociétés par une première mise à la Caisse des retraites, proportionnelle au nombre des sociétaires.

Nous croyons avoir observé que les subventions actuellement votées par les départements sont réparties entre les Sociétés, sans que, pour la plupart, elles aient des besoins réels, mais uniquement parce que les crédits sont disponibles et qu'ils seraient annulés, faute d'emploi.

ART. 24. — Contrairement à l'avis de la brochure anonyme, nous sommes partisan d'une règle fixe pour la remise des comptes rendus qui permettent d'établir la statistique des Sociétés de secours mutuels. Le délai qui fixe au premier juin le dépôt des écritures relatives aux exercices clos le 31 décembre nous paraît suffisant.

Art. 25. — La reconnaissance d'utilité publique, telle qu'on l'a comprise jusqu'à présent, pouvait tout au plus se justifier avant les décrets et les lois qui ont élevé les Sociétés de secours mutuels au rang d'associations légales patronnées par l'Etat. Toutes les Sociétés de secours mutuels ayant un même but sont également utiles, dès qu'elles étendent leurs bienfaits à la famille entière ; l'importance du nombre de leurs adhérents ou des cotisations perçues ne modifie en rien le principe de leur création : dès lors, aucune d'elles n'a le droit de prétendre à des faveurs exceptionnelles autres que celles accordées par l'approbation.

La reconnaissance d'utilité publique n'aboutit qu'à la reconstitution des biens dits de main-morte ; il ne faut pas, sous le couvert des Sociétés de secours mutuels, retomber dans les privilèges et les abus reprochés aux congrégations religieuses. Bien au contraire, il serait plus à propos, tout en respectant les résultats acquis en vertu de droits antérieurs, de supprimer le droit d'acquérir des immeubles aux Sociétés de prévoyance précédemment reconnues d'utilité publique et de les faire rentrer dans le droit commun, si bien établi par le parag. 2 de l'art. 3.

Art. 26. — M. Hubbard justifie les cotisations progressives par l'augmentation des chances de maladie et de leur durée avec l'âge ; M. de Laffitte motive au contraire les cotisations décroissantes par la diminution des forces, qui ne permet plus au sociétaire âgé de réaliser un salaire aussi élevé. En présence d'opinions diamétralement opposées, l'on peut conclure que le système de la cotisation unique généralement adopté représente une moyenne raisonnable, tout en offrant la ressource des économies réalisées sur la jeunesse pour atténuer le surcroît de dépenses occasionnées par la vieillesse. Aussi croyons-nous que les tables de mortalité ne sont

pas indispensables pour la direction des Sociétés de secours mutuels ; et, sans repousser d'une façon absolue
leur réfection, nous l'acceptons comme devant ne four-
nir que de simples renseignements, et ne jamais revê-
tir un caractère d'application obligatoire.

Enfin, confiant dans la sagesse du Sénat, nous souhaitons, comme dernier vœu, la prochaine mise à l'ordre du jour d'une loi qui, depuis bientôt quatre ans,
tient en suspens les intérêts de 1,100,000 membres participants et retarde la revision des statuts, c'est-à-dire
le progrès d'un grand nombre de *Sociétés de secours
mutuels*.

Clermont (Oise). — Imprimerie Daix frères, place St-André, 3.

CLERMONT-OISE. — IMPRIMERIE DAIX FRÈRES, PLACE ST-ANDRÉ, 3.